BEI GRIN MACHT SICH IHR WISSEN BEZAHLT

- Wir veröffentlichen Ihre Hausarbeit, Bachelor- und Masterarbeit

- Ihr eigenes eBook und Buch - weltweit in allen wichtigen Shops

- Verdienen Sie an jedem Verkauf

Jetzt bei www.GRIN.com hochladen und kostenlos publizieren

Bibliografische Information der Deutschen Nationalbibliothek:

Die Deutsche Bibliothek verzeichnet diese Publikation in der Deutschen Nationalbibliografie; detaillierte bibliografische Daten sind im Internet über http://dnb.d-nb.de/ abrufbar.

Dieses Werk sowie alle darin enthaltenen einzelnen Beiträge und Abbildungen sind urheberrechtlich geschützt. Jede Verwertung, die nicht ausdrücklich vom Urheberrechtsschutz zugelassen ist, bedarf der vorherigen Zustimmung des Verlages. Das gilt insbesondere für Vervielfältigungen, Bearbeitungen, Übersetzungen, Mikroverfilmungen, Auswertungen durch Datenbanken und für die Einspeicherung und Verarbeitung in elektronische Systeme. Alle Rechte, auch die des auszugsweisen Nachdrucks, der fotomechanischen Wiedergabe (einschließlich Mikrokopie) sowie der Auswertung durch Datenbanken oder ähnliche Einrichtungen, vorbehalten.

Impressum:

Copyright © 2018 GRIN Verlag
Druck und Bindung: Books on Demand GmbH, Norderstedt Germany
ISBN: 9783668762879

Dieses Buch bei GRIN:

https://www.grin.com/document/435085

Aaron Matthiesen

Untersuchung der Web-Usability anhand der Webseite samsung.com

Usability der Suchfunktion

GRIN Verlag

GRIN - Your knowledge has value

Der GRIN Verlag publiziert seit 1998 wissenschaftliche Arbeiten von Studenten, Hochschullehrern und anderen Akademikern als eBook und gedrucktes Buch. Die Verlagswebsite www.grin.com ist die ideale Plattform zur Veröffentlichung von Hausarbeiten, Abschlussarbeiten, wissenschaftlichen Aufsätzen, Dissertationen und Fachbüchern.

Besuchen Sie uns im Internet:

http://www.grin.com/

http://www.facebook.com/grincom

http://www.twitter.com/grin_com

Untersuchung der Web-Usability anhand der Webseite samsung.com

—

Usability der Suchfunktion

Hochschule Flensburg

Studiengang: Internationale Fachkommunikation

Studienfach: Projekt angeleitete Forschung I

Wintersemester 2017/2018

Aaron Matthiesen

15.02.2018

Inhaltsverzeichnis

1	Einleitung	1
2	Theorie	2
3	Usability der Suchfunktion auf samsung.com	4
4	Fazit	8
	Literaturverzeichnis	10

Abbildungsverzeichnis

Abb. 1: Unpassendes empfohlenes Suchergebnis	5
Abb. 2: Wenig relevante Suchvorschläge	6
Abb. 3: Keine Suchvorschläge	7

1 Einleitung

Die Usability von Websites ist ein kritischer Faktor für ihren Erfolg, und sie hängt von vielen Faktoren ab. Dementsprechend gibt es im Umkehrschluss auch eine Vielzahl von Faktoren einer Website, bei denen eine problematische Umsetzung dazu führen kann, dass Nutzer bei der Bewältigung von Aufgaben scheitern oder Websites verlassen (Nielsen/Loranger 2006: 127-128).

Gerade im Fall von Websites, auf denen Nutzer spezielle Informationen finden oder Produkte erwerben möchten, hat eine mangelhafte Website-Usability konkret messbare Folgen:

> Eine Firma kann die „Conversion Rate" (das Tätigen eines Verkaufs oder eine Anfrage nach Produktinformationen durch einen neuen Benutzer) ihrer Website durch ein gutes Usability-Projekt verdoppeln. (Nielsen/Loranger 2006: 41)

Nielsen stellt in einer 10-Punkte-Liste unterschiedliche typische Fehler bezüglich Web-Design zusammen, die Benutzer an einer erfolgreichen Nutzung von Websites hindern. Als schwerwiegendster Bereich in der Auflistung wird dabei eine schlechte Website-Suchfunktion genannt. (Nielsen 2011: s. p.)

Diese Arbeit befasst sich mit der Usability der Suchfunktion auf Websites; konkret wird auf einen durchgeführten Usability-Test auf der Website samsung.com eingegangen, der im Fach Projekt angeleitete Forschung durchgeführt wurde. Die Fragestellung dieser Arbeit ist, ob es auch heute auf der Website des Weltkonzerns Samsung schwerwiegende Mängel in der Suchfunktion gibt und ob diese die Website-Nutzung merklich beeinträchtigen.

Dazu wird im folgenden Kapitel zunächst der theoretische Hintergrund erläutert, also welche Kriterien eine gute Suchfunktion ausmachen und welche Fehler dementsprechend zu Problemen bei der Nutzung führen können.

Darauf aufbauend wird in Kapitel 3 erläutert, welche Punkte konkret bei der Untersuchung der Such-Usability auf samsung.com negativ aufgefallen sind, zu welchen tatsächlichen Konsequenzen die Negativpunkte geführt haben. Im anschließenden Fazit werden die vorigen Erkenntnisse zusammengefasst sowie weitere mögliche Konsequenzen für die Website und Änderungsvorschläge genannt.

Insgesamt folgt die Arbeit der Top-Down-Struktur, da zunächst Theorie erläutert und anschließend konkret angewendet wird. Im Einzelnen ist das zweite Kapitel, in dem allgemeine theoretische Grundlagen aufgeführt sind, induktiv aufgebaut, während die folgenden Kapitel, in denen vor allem aus ermittelten Daten Schlüsse gezogen werden, deduktiv aufgebaut sind.

2 Theorie

Dieses Kapitel befasst sich mit dem theoretischen Hintergrund zur Thematik der Findability bzw. der Usability der Website-Suchfunktion. ‚Findability' ist im Kontext dieser Arbeit definiert als „the ease with which information from a website can be found" (Purcariu 2015: 62), also die Leichtigkeit, mit der Informationen auf einer Website gefunden werden können. Bei der Suche auf Websites wie auch im Allgemeinen geht es in erster Linie um die Findability, denn eine Suche hat stets das Ziel, Fakten, Produkte etc. zu finden oder wiederzufinden, wobei der Weg von der Suchanfrage bis zum Gefundenen eine schnelle Abkürzung sein sollte (Morville/Callender 2010: 6).

Im Folgenden wird erläutert, was für eine gute Website-Suche vonnöten ist und was bei einer schlechten Ausführung zu Usability-Problemen führen kann. Denn die Suchfunktion zählt zu den wichtigsten Elementen einer Website (Nielsen/Loranger 2006: 136), zugleich ist eine schlechte Umsetzung der Suche eines der größten Probleme bei der Website-Usability, wie in der Einleitung angemerkt. ‚Usability' beschreibt allgemein, wie einfach und effizient Anwender einen Gegenstand nutzen können, wie schnell sie die Benutzung erlernen und verinnerlichen können, wie fehleranfällig der Gegenstand ist und wie sehr er den Nutzern gefällt (Nielsen/Loranger 2006: xvi). Der genutzte Gegenstand ist im Rahmen dieser Arbeit konkret die Website-Suche.

Wie wichtig die Suche auf Websites ist, belegen Untersuchungen: In eine Untersuchung wurde bei 19 von 19 Websites, die eine Methode zum Suchen anboten, diese auch genutzt (Nielsen/Loranger 2006: 132). Ahmad (2013: s. p.) schreibt, dass im Online-Shopping 50 % der Nutzer sofort die Suchfunktion nutzen und 34 % der Nutzer die Website verlassen, wenn ihr Suche nicht zum gewünschten Ergebnis führt.

Dabei haben sich die Nutzer an bestimmte Konventionen bezüglich der Suchfunktion gewöhnt: Das Suchfeld sollte ein Textfeld zum Eingeben der Schlüsselworte sein, und eine eindeutige Schaltfläche zum Absenden der Suchanfrage rechts daneben enthalten. Es sollte sich möglichst auf jeder einzelnen Website rechts oben befinden und einfach zu finden sein. (Nielsen/Loranger 2006: 138, 140).

Vor allem Websites mit weniger als 100 untergeordneten Seiten benötigen nicht zwingend eine Suchfunktion (Nielsen/Loranger 2006: 136). Doch auf umfangreicheren Sites bevorzugen Nutzer eine Suchfunktion, damit nicht ausschließlich Hyperlinks zur Navigation zu verwendet werden müssen (Brinck/Gergle/Wood 2002: 169). Gerade für Nutzer, die genau wissen, was sie auf der Website finden möchten, ist die Suchfunktion hilfreich, da sie schnell gute Suchergebnisse erzielen können (Nielsen/Loranger 2006: 136).

Umgekehrt wird die Suche oft nicht optimal genutzt, sprich nach Begriffen gesucht, die zu weit gefasst oder zu speziell sind, die Suche wird überbeansprucht und keine Synonyme berücksichtigt. Suchanfragen in natürlicher Sprache entsprechen in der Regel nicht der unflexiblen Funktionsweise der Suchprogramme, doch Boolesche Suchoperatoren wie „AND", „OR" oder „NOT", die zu besseren Sucherergebnissen führen können, beherrschen die wenigsten Nutzer. (Brinck/Gergle/Wood 2002: 169-170)

Eine optimal umgesetzte Suchfunktion führt zu Suchergebnissen, die drei Kriterien genügen: Die Ergebnisse müssen präzise sein, also möglichst wenige unpassende Treffer enthalten, dennoch vollständig sein, also alle möglichen relevanten Einträge enthalten, und sie müssen relevant sortiert sein, es müssen also die bestmöglichen Treffer in der Ergebnisliste zuoberst angezeigt werden (Brinck/Gergle/Wood 2002: 172-173).

Doch eine Website-Suchfunktion zu konzeptionieren, die stets passende Ergebnisse liefert, ist kompliziert, weil dafür auf unterschiedliche Nutzertypen eingegangen werden muss – die Nutzer unterscheiden sich nach ihrer Erfahrung mit Website-Suchen sowie nach ihrer Fachkenntnis auf dem Feld, mit dem sich die jeweilige Website befasst. Weiterhin gibt es mehrere Arten von Suchtypen: Will der Nutzer zu einem bestimmten bekannten Gegenstand bzw. zu einer Website gelangen, muss die Suche sehr schnell und einfach funktionieren; nur ein einziges relevantes Suchergebnis ist von Interesse. Ist der Nutzer hingegen nicht sicher, wonach genau er sucht, benötigt er eine größere Auswahl von Suchergebnissen, die er ggf. sortieren und anpassen kann. (Morville/Callender 2010: 26-27)

Eine sinnvolle Maßnahme zur Optimierung der Suchergebnisse ist die Einführung von ‚Best Bets'. Diese sind Suchergebnisse, die bei bestimmten Suchanfragen stets zuoberst angezeigt werden. In der Regel sind dies festgelegte Treffer für häufige Suchanfragen nach Produkt- und Kategorienamen, Artikelnummern etc. Wird nach diesen Begriffen gesucht, erwarten viele Nutzer vermutlich die Hauptproduktseite als Anlaufstelle, es sollten also nicht vor der Produktseite Pressemitteilungen, Datenblätter etc. angezeigt werden. (Nielsen/Loranger 2006: 89, 152-153)

Zusammenfassend lässt sich feststellen, dass Findability ein kritischer Erfolgsfaktor für die Usability einer Website ist, denn wenn Nutzer nicht finden, wonach sie suchen, hat die Website versagt (Rosenfeld/ Morville/Arango 2015: 23). Eine mangelhafte Suchfunktion kostet die Nutzer nicht nur Zeit, sie führt auch zu Verwirrung und Vertrauensverlust. Vor allem verstehen Nutzer vielfach nicht, an welcher Stelle das Problem liegt und gehen davon aus, sie hätten einen Fehler gemacht. (Morville/Callender 2010: 19)

Eine suchfreundliche Website ist dagegen ein Vorteil für die Besucher und die Seitenbetreiber zugleich. Während Seiten mit schlechter Such-Usability zu geringeren Werbeeinnahmen, Verkäufen und geringer Nutzerzufriedenheit führen, ist der Effekt bei guter Such-Usability genau umgekehrt: Finden Nutzer das Gesuchte schnell und einfach, ist Zufriedenheit das Ergebnis. (Thurow/Musica 2009: 3-4)

3 Usability der Suchfunktion auf samsung.com

Dieses Kapitel enthält Untersuchungsergebnisse zur Suchfunktion auf der Website samsung.com/de/[1] und ihren untergeordneten Seiten. Diese Website wurde in dem Forschungsprojekt im Wintersemester 2017/2018, mit dem diese Arbeit zusammenhängt, untersucht. Es wurden Usability-Tests mit mehreren Probanden durchgeführt, die zwei Aufgaben auf der Website lösen mussten, nämlich zwei bestimmte Produkte auf der Website samsung.com in den Warenkorb zu legen sowie eine Produktspezifikation herauszufinden.

Eine subjektive Einschätzung von Website-Nutzern ist meist kein aussagekräftiger Messwert für die Usability einer Website, da die Anwender eine Website oft selbst dann gut bewerten, wenn bei der Nutzung ernsthafte Probleme auftreten (Nielsen/Loranger 2006: 24). Aus diesem Grund ist die Durchführung von Usability-Tests ein gebräuchliches Mittel, um die Usability unter anderem von Websites festzustellen. Hierbei wird durch Nutzertests im konkreten Fall überprüft, wie effektiv Nutzer bestimmte Aufgaben auf der Website lösen, wie effizient und zufrieden sie dabei sind. (Thurow/Musica 2009: 6)

Auf Grundlage der durchgeführten Tests werden im Folgenden konkrete Beispiele aus Anwendungsszenarien gegeben, bei denen Usability-Mängel bei Nutzung der Website-Suchfunktion aufgetreten sind. Um die Usability der Suche auf samsung.com beurteilen zu können, wird sich bei den folgenden konkreten Beispielen auf die in Kapitel 2 angeführten theoretischen Grundlagen bezogen.

In den Tests wurde die Theorie teilweise bestätigt. So nutzten einige Anwender auf samsung.com relativ häufig die Suche, um an ihr Ziel zu gelangen – vor allem beim (simulierten) Kaufprozess: Bei dieser ersten zu lösenden Aufgabe ging es darum, ein bestimmtes Handymodell und eine bestimmte Hülle zu finden und beides in den Warenkorb zu legen. Um Hülle und/oder Handymodell zu finden, nutzten zwei der fünf Probanden die Suchfunktion. Dabei war die Suche, wenn sie benutzt wurde, auch der erste Weg, also die favorisierte Strategie, um schnell und direkt zum gewünschten Produkt bzw. der entsprechenden Site zu gelangen. In diesen Fällen wurde mutmaßlich davon ausgegangen, dass das Auffinden über Navigationselemente und Hyperlinks in mehreren Ebenen im Vergleich mühsamer wäre – zumal der

---

[1] der Kürze halber in dieser Arbeit stets als „samsung.com" bezeichnet

Internetauftritt des Weltkonzerns Samsung vermutlich weit über 1000 einzelne Websites enthält. Entsprechend der gängigen Praxis ist die Suche von jeder einzelnen Website aus erreichbar; in der oberen rechten Ecke befindet sich allerdings nicht direkt das Sucheingabefeld, sondern nur ein Lupen-Icon, das angeklickt werden muss, damit das Feld erscheint. Dieser zusätzliche Schritt und die Tatsache, dass sich das Lupen-Symbol relativ klein inmitten vieler anderer Schaltflächen befindet, könnte dazu führen, dass die Suche von Nutzern seltener durchgeführt wird, als es mit einem deutlicheren typischen Sucheingabefeld der Fall wäre.

Bei den Suchen, die die Nutzer im Test durchführten, war die Intention, zu einem bestimmten bekannten Gegenstand bzw. zu einer Website zu gelangen: Es wurde der korrekte Name des gesuchten Produktes eingegeben; prinzipiell war nur dieses bestimmte Produkt, also ein Treffer, von Interesse. In diesem Fall wären passende Best Bets eine gute Lösung gewesen, um etwa bei der Eingabe des Namens *Galaxy S8* zuoberst den Link zur entsprechenden Produkt-Website zu erhalten. Tatsächlich gibt es direkt nach Eingabe des Suchbegriffes einen Bereich mit empfohlenen Ergebnissen. Doch wie Abb. 1 zeigt, passt dieser Vorschlagsbereich oft nicht zum Suchbegriff.

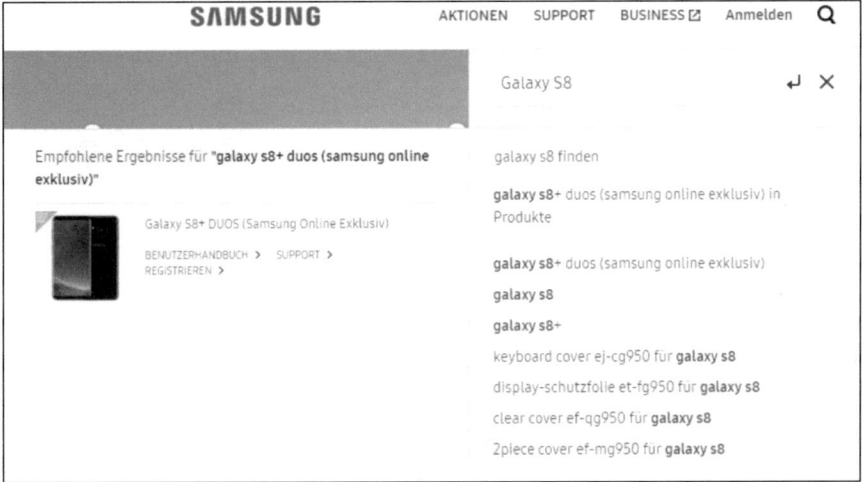

Abb. 1: Unpassendes empfohlenes Suchergebnis

Als die Suche zu einem anderen Zeitpunkt durchgeführt wurde, erschien zumindest das ähnliche Modell Galaxy S8+ als Vorschlag, jedoch hinter zwei Hüllen, die wiederum zum gesuchten Modell Galaxy S8 passten (s. Abb. 2).

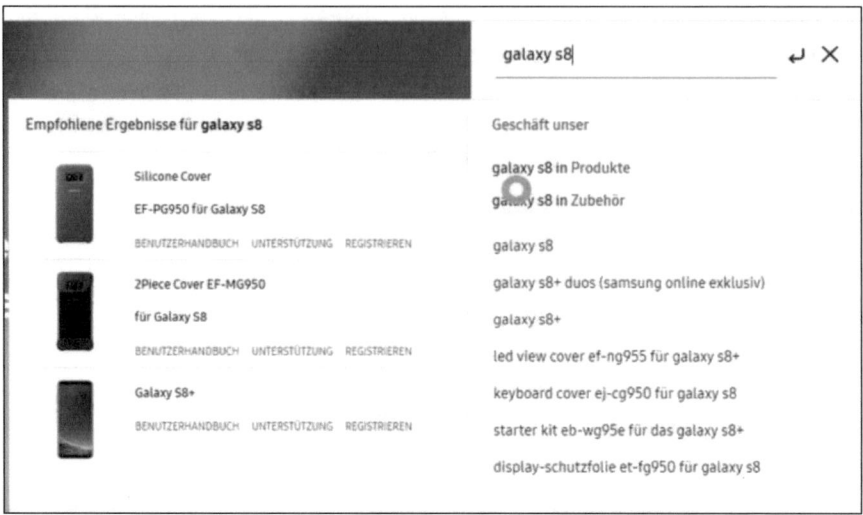

Abb. 2: Wenig relevante Suchvorschläge

Anhand Abb. 1 und 2 wird auch deutlich, dass der Suchbereich sehr unübersichtlich gestaltet ist: Die linke Spalte enthält wenig oder gar nicht relevante Vorschläge, die rechte Spalte ist in mehrere Ergebniskategorien unterteilt, wobei sich der Inhalt der linken Spalte ändert, wenn man mit der Maus über die rechte Spalte fährt. Klickt der Nutzer auf *galaxy s8 finden* in blauer Schrift (s. Abb. 1), erscheint sofort die Produktwebsite, die anderen Ergebnisse führen zur Website mit den ausführlichen Suchergebnissen. Es ist zu vermuten, dass diese Komplexität einer einfachen Benutzung der Suchfunktion entgegenwirkt und die Fehleranfälligkeit erhöht. Auch im Test wählte ein Nutzer zunächst das falsche Produkt, da das eigentlich gesuchte nicht bei den Vorschlägen angezeigt wurde.

Ein Beispiel für eine Fehlfunktion der Best Bets ist in Abb. 3 dargestellt: Gibt der Nutzer den (korrekten) Produktnamen des auf der Website erhältlichen Produktes Galaxy S8+ ein, erscheinen keine Suchvorschläge, was äußerst verwirrend ist.

Abb. 3: Keine Suchvorschläge

Ein Proband im Test nutzte ausschließlich die Suchvorschläge, ließ sich die vollständige Suchergebnis-Website also nicht anzeigen, ein Proband führte die Suche komplett aus und hielt sich auf der Ergebnisseite auf.

Von den durchgeführten Suchen führte jedoch nur eine zur gewünschten bzw. erwarteten Website, häufiger allerdings schlug sie fehl und wurde von den Nutzern als unzulänglich empfunden. Denn viele der im vorigen Kapitel genannten Kriterien, die für eine gute Findability bzw. Such-Usability notwendig sind, wurden in den Tests von der Website-Suche auf samsung.com nicht erfüllt. Vor allem waren die Vorschläge und Suchergebnisse weder präzise noch vollständig noch relevant sortiert.

Konkret äußerte sich dies darin, dass die Suchvorschläge und -ergebnisse viele völlig unpassende Treffer enthielten: Bei einer Suche nach *Galaxy S8 silber* erschienen als Suchergebnisse Galaxy S6, Galaxy S6 edge+ und Galaxy S5 Neo sowie Zubehör, das nicht mit dem Galaxy S8 kompatibel ist. Zugleich fehlte aber oft das eigentlich gesuchte Produkt, das im Beispiel gesuchte Galaxy S8 wurde also nicht in der Trefferliste angezeigt; das Ergebnis war also nicht vollständig. In anderen Fällen war der korrekte Treffer zwar bei den Sucherergebnissen enthalten, befand sich jedoch relativ weit am Ende einer großen Anzahl vollkommen irrelevanter Treffer. Auf der Suchergebnis-Seite lassen sich die Ergebnisse zwar anpassen, sodass den Nutzern theoretisch die Möglichkeit geboten wird, irrelevante Ergebnisse selbstständig herauszufiltern. Doch angesichts der Tatsache, dass die Suchfunktion zuvor enttäuscht hat, werden die meisten Nutzer die Suche an dem Punkt eher enttäuscht abbrechen, wie es im Test bei einem Probanden der Fall war.

Die unpassenden Ergebnisse sind dabei nicht auf unkonkrete Suchanfragen der Probanden zurückzuführen, denn auch wenn der exakte und vollständige Produktname wie *Clear View Standing Cover* gesucht wurde, wurden einige Ausführungen dieses Produkts zwar angezeigt, jedoch nicht die gesuchte. Zudem waren im Beispielfall zwei Drittel der Ergebnisse nicht nur unpassend (die Suche damit insgesamt höchst unpräzise), sondern auch die Produktnamen der Ergebnisse enthielten nicht ein einziges der gesuchten Wörter.

Das Resultat solch einer mangelhaften Such-Usability kann Verwirrung und Frustration bei den Nutzern sein, denn es ist nicht klar, ob der Fehler in einer falschen Benutzereingabe liegt, ob das gesuchte Produkt nicht vorhanden ist oder die Suchfunktion nicht korrekt funktioniert. In jedem Fall ist die durchgeführte Website-Suche in einem solchen Fall vergebens, die Erwartungen der Nutzer werden nicht erfüllt. Denn statt eine Abkürzung zum Produkt darzustellen, kostet eine Suche mit falschen Ergebnissen Zeit und fordert von den Nutzern, doch unfreiwillig durch ggf. mehrere Website-Ebenen und Unterseiten zu navigieren, auf denen das Gesuchte zu finden sein könnte.

Dementsprechend äußerten sich in der Untersuchung auch die Probanden kritisch über die Suchfunktion. Es sei befremdlich und unglücklich, dass man über die Suche nicht das Produkt finde, das man gesucht habe, man sich also einen anderen Weg suchen müsse. Gerade für Nutzer, die sich mit der Websitestruktur oder auch dem gesuchten Produkt nicht gut auskennen, sei die nicht funktionierende Suche ein Nachteil. Es verwirre, wenn man bei der Suche nach einem Produkt – im besten Fall – nur Zubehörteile dazu finde; diese sollten eher aufgrund geringerer Relevanz nach dem gesuchten Produkt angezeigt werden. In der jetzigen Form sei die Suche auf samsung.com also verbesserungswürdig.

Ob die Probanden im Test aufgrund der unzureichenden Suchfunktion unter realen Umständen die Site verlassen hätten, kann die Untersuchung nicht beantworten, denn sie hatten die Vorgabe, nur die Website samsung.com zur Bewältigung der Aufgaben zu verwenden. Außerdem beschränkte sich das Testszenario nicht ausschließlich auf die Suchfunktion; zwei der fünf Probanden gaben zwar an, sie würden die Website nicht nochmals verwenden, doch dies hatte unterschiedliche Gründe. Explizit wurde unter anderem die Unübersichtlichkeit der Website samsung.com genannt; die Findabilty insgesamt der Website ist offensichtlich nicht optimal, denn in mehreren Fällen gelang es Probanden erst nach relativ zeitintensivem Suchen oder Probieren, ein Produkt oder eine Information zu finden – sowohl über die Suche als auch über die Website-Navigation.

4 Fazit

Die in Kapitel 3 dargelegte Untersuchung hat gezeigt: Auch im Jahr 2018 gibt es selbst auf der Website des Weltkonzerns Samsung schwerwiegende Mängel im Bereich der Suchfunktion. Diese beeinträchtigen die Website-Nutzung merklich.

Die Website-Suche ist wichtig, weil sie neben der regulären Navigation der primäre Weg ist, gewünschte Informationen auf der Site zu finden (Nielsen 2006: 89); auch dies hat der durchgeführte Usability-Tests insofern bestätigt, dass zwei von fünf Probanden als ersten Ansatz zur Informations- bzw. Produktfindung die Suchfunktion wählten, andernfalls führte der Weg über die Navigationsstruktur der Website.

Doch funktioniert die Suchfunktion nicht wie erwartet, sind die Ergebnisse also nicht passend, vollständig oder relevant, können die negativen Folgen für die Such-Usability und als direkte Folge auch die Nutzerzufriedenheit gravierend sein.

Denn die Probanden reagierten verwirrt oder enttäuscht, wenn der präferierte Weg zur Informations- bzw. Produktfindung in einer Sackgasse endete, obwohl sie den korrekten Suchbegriff ins Suchfeld eingegeben hatten.

Aufgrund dieser Reaktionen der Probanden ist es nachvollziehbar, dass eine schlechte Such-Usability dazu führt, dass Nutzer eine Website nicht nur schnell verlassen, sondern auch von einem Kauf zumindest über samsung.com absehen. Denn geben Nutzer dieselben Suchbegriffe, an denen die Website-interne Suche scheitert, bei führenden externen Internet-Suchmaschinen oder Versandhändlern ein, so erscheinen zuverlässig die erwarteten Ergebnisse. Da die Preise bei Händlern oftmals günstiger sind als auf samsung.com und zudem der jeweilige Händler vermutlich einen Teil des Erlöses einbehält, führt die schlechte Findability auf der Hersteller-Website in diesem Fall zum monetären Verlust. Scheitern die Kunden an der Website, kann möglicherweise auch das Hersteller-Image bei den Kunden sinken und dieser ein Konkurrenzprodukt erwerben, wenn dieses mit weniger Aufwand auffindbar ist.

Dass dies eine valide Annahme ist, bestätigen Untersuchungen: Etwa zwei Drittel aller Online-Käufe werden vor Abschluss abgebrochen, auch weil viele Nutzer unzufrieden mit dem Erlebnis sind. Da sich zugleich der Wettbewerb zwischen einer wachsenden Zahl z. B. von Händlern im Internet steigert, ist es für Nutzer, die frustriert sind und ein Produkt auf einer Website nicht gefunden haben, ein Leichtes, die Website zu verlassen und die eines Konkurrenzanbieters aufzusuchen. (Bergstrom/Schall 2014: 187-188)

Die Untersuchung hat ergeben, dass an mehreren Stellen dringender Verbesserungsbedarf bezüglich der Such-Usability auf der Website samsung.com herrscht. Konkret sollte die Suche leichter auffindbar und übersichtlicher aufgebaut sein, bei der Eingabe nur relevante Best Bets vorschlagen und bei den Suchergebnissen die relevantesten Produkte zuoberst, irrelevante Produkte gar nicht anzeigen.

Literaturverzeichnis

Ahmad, Mahmood (2013): Findability on an E-commerce Site. http://findwise.com/blog/findability-on-an-ecommerce-site (21.01.2018)

Bergstrom, Jennifer Romano, Andrew Schall (2014): *Eye Tracking in User Experience Design*.
Amsterdam [u. a.]: Morgan Kaufmann/Elsevier.

Brinck, Tom, Darren Gergle, Scott D. Wood (2002): *Usability for the Web: Designing Web Sites that Work*. The Morgan Kaufmann Series in Interactive Technologies. San Francisco: Kaufmann.

Morville, Peter, Jeffery Callender (2010): *Search Patterns*. Sebastopol (CA) [u. a.]: O'Reilly.

Nielsen, Jakob (2011): Top 10 Mistakes in Web Design. https://www.nngroup.com/articles/top-10-
mistakes-web-design (28.01.2018)

Nielsen, Jakob/Loranger Hoa (2006): *Web Usability*. München [u. a.]: Addison-Wesley.

Purcariu, Maria (2015): Tagging Behavior in Tutorials on Youtube: A Case Study Approach. In: *Studia Universitatis Babes-Bolyai Ephemerides*. 60 (2): 61-74. http://studia.ubbcluj.ro/download/pdf/971.pdf (30.01.2018)

Rosenfeld, Louis, Peter Morville, Jorge Arango (2015): *Information Architecture*. Fourth Edition. Sebastopol (CA) [u. a.]: O'Reilly.

Thurow, Shari, Nick Musica (2009): *When Search Meets Web Usability*. Berkeley, CA: New Riders.

BEI GRIN MACHT SICH IHR WISSEN BEZAHLT

- Wir veröffentlichen Ihre Hausarbeit, Bachelor- und Masterarbeit

- Ihr eigenes eBook und Buch - weltweit in allen wichtigen Shops

- Verdienen Sie an jedem Verkauf

Jetzt bei www.GRIN.com hochladen und kostenlos publizieren